# Alimentos producidos por el Sol

## CÓMO VIVEN Y CRECEN LAS PLANTAS

Harriet Brown

Rourke
Educational Media

rourkeeducationalmedia.com

www.rourkeeducationalmedia.com

PHOTO CREDITS: p. 17: Sally Bensusen/Science Photo Library; p. 26: Jonathan S. Blair/ Getty
Images; p. 33: Vera Bogaerts/istockphoto.com; p. 27, 34: Nigel Cattlin/FLPA; p. 4: Elena Elisseeva/
istockphoto.com; pp. title page, 19, 36: Chris Fairclough/CFWImages.com; p. 13 both: Chris
Fairclough/Discovery Picture Library; p. 30: Foto Natura Stock/FLPA;
p. 39: Joe Gough/istockphoto.com; p. 10: Paul Gsell/istockphoto.com; p. 8, 15, 41: istockphoto.
com; p. 16: Silvia Jansen/istockphoto.com; p. 21: Chee-Onn Leong/ istockphoto.com; p. 9: Brenda
McEwan/istockphoto.com; p. 29: Dave Michaels/Corbis;
p. 38: Neil Nathan/istockphoto.com; p. 12: David Nunuk/Science Photo Library; pp. 42, 43: Ed
Parker/EASI-Images/CFWImages.com; p. 31: Susanna Pershern/istockphoto.com;
p. 23, both, 24: Photodisc; p. 7: Corey Rich/Aurora/Getty Images; p. 37: Rey Rojo/ CFWImages.com;
pp. 34, 35 bottom: Malcolm Romain/istockphoto.com; p. 35 top: Yali Shi/ istockphoto.com; p. 18:
Stephen Strathdee/istockphoto.com; p. 25: Herbert Zetti/Zefa/Corbis.

Cover picture shows the early green shoots of a plant. [istockphoto.com]

Produced for Rourke Publishing by Discovery Books
Editors: Geoff Barker, Amy Bauman, Rebecca Hunter
Designer: Ian Winton
Cover designer: Keith Williams
Illustrator: Stefan Chabluk
Photo researcher: Rachel Tisdale
Editorial/Production services in Spanish
by Cambridge BrickHouse, Inc.
www.cambridgebh.com

Brown, Harriet.
  Alimentos producidos por el sol: Cómo viven y crecen las plantas / Harriet Brown
  ISBN 978-1-63155-070-6 (hard cover - Spanish)
  ISBN 978-1-62717-334-6 (soft cover - Spanish)
  ISBN 978-1-62717-532-6 (e-Book - Spanish)
  ISBN 978-1-61236-235-9 (soft cover - English)
Library of Congress Control Number: 2014941389

**Also Available as:**

Rourke Educational Media
Printed in the United States of America,
North Mankato, Minnesota

Rourke
Educational Media

rourkeeducationalmedia.com

customerservice@rourkeeducationalmedia.com  •  PO Box 643328  Vero Beach, Florida 32964

# CONTENIDO

# CAPÍTULO UNO
## INTRODUCCIÓN

El Sol es la fuente de toda la vida en la Tierra. El Sol libera cantidades enormes de **energía** en forma de luz y calor. Esta energía viaja a través del espacio hasta la Tierra y aquí es usada tanto por animales como por plantas.

Las plantas, en particular, hacen buen uso de la luz del Sol. Las hojas de las plantas atrapan la energía solar y la utilizan para producir alimento. A su vez, las plantas son fuentes de alimento de los animales. Algunos animales se comen los animales que comen plantas. Al final, todos los seres vivos dependen del Sol.

Las hojas de un árbol están dispuestas para que atrapen la mayor cantidad de luz solar.

# ¿Qué es la fotosíntesis?

La fotosíntesis es el proceso mediante el cual las plantas producen alimentos a partir de la luz solar. Todo comienza con el agua y el dióxido de carbono que las plantas absorben. Con la energía solar, las plantas convierten estas sustancias en azúcares simples, llamadas glucosa. También se produce oxígeno, el cual es liberado al aire y puede ser respirado.

# ¿Dónde ocurre la fotosíntesis?

La fotosíntesis ocurre en las hojas. Estas se ven verdes porque contienen **clorofila**, una sustancia verde que absorbe la luz solar.

Los cloroplastos de las hojas tienen clorofila. La clorofila atrapa la energía solar.

## Fotosíntesis

oxígeno hacia afuera

energía solar

cloroplastos

dióxido de carbono hacia adentro

agua

La ecuación de la fotosíntesis es:

luz solar y clorofila

dióxido de carbono + agua  glucosa + oxígeno

El Sol está a unos 93 millones de millas (149.5 millones de kilómetros) de la Tierra. ¿Te puedes imaginar cuán lejos es? Digamos que puedes volar al Sol con un avión. Te tomaría llegar más de veintiún años. Sin embargo, la luz recorre esa distancia en solo ocho minutos.

# Célula vegetal

La fotosíntesis ocurre en la célula vegetal. Las células son pequeñas. Te hace falta un microscopio para verlas.

Existen muchos tipos de células vegetales. Cada una tiene una función distinta. Pero cada una tiene partes similares. Una de estas partes, el núcleo, controla lo que pasa en la célula. Las vacuolas mantienen la célula rígida y resistente. Los cloroplastos contienen clorofila. Allí es donde ocurre la fotosíntesis. Todas estas partes están contenidas en una sustancia gelatinosa llamada citoplasma y están protegidas por una **membrana** celular. Cada célula vegetal tiene un pared celular externa resistente.

## Célula de una hoja

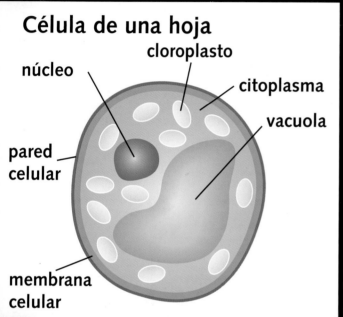

núcleo

cloroplasto

citoplasma

vacuola

pared celular

membrana celular

Esta célula de una hoja contiene todo lo necesario para hacer la fotosíntesis.

## Respiración

Las plantas convierten la glucosa en energía. Este proceso se llama respiración. Las plantas necesitan energía para vivir y crecer y solo pueden efectuar la fotosíntesis cuando hay luz solar. La respiración ocurre todo el tiempo. Dentro de la célula, las plantas usan oxígeno para transformar la glucosa en energía. También producen dióxido de carbono y agua.

La ecuación de la respiración es:

glucosa + oxígeno ⟶ dióxido de carbono + agua + energía

# Almidón

En un día soleado, las plantas producen mucha glucosa. Esta les alcanza para pasar la noche y para unos cuantos días nublados. Pero no pueden almacenar grandes cantidades de glucosa. La glucosa no usada en la respiración es convertida en almidón. El almidón puede ser almacenado en las células de las hojas para ser usado después.

Bajo la luz del Sol, puedes estar seguro de que las plantas están produciendo mucha glucosa.

# ¿Por qué las plantas necesitan energía?

Todos los seres vivos llevan a cabo los siete procesos necesarios para vivir y necesitan energía para efectuarlos. Estos son:

- Movimiento: Las plantas mueven sus hojas en dirección al Sol.
- Respiración: Las plantas convierten glucosa en energía.
- Sensibilidad: Las plantas reaccionan ante el medio donde viven.
- Ganar en tamaño o crecer: Las plantas crecen desde la semilla hasta ser plantas completas.
- Reproducción: Las plantas tienen descendientes.
- Excreción: Las plantas eliminan desechos.
- Nutrición: Las plantas producen su propio alimento.

Observa las primeras letras de cada proceso. Juntas, forman las palabras "MRS GREN". Esto te ayudará a recordar los siete procesos de la vida.

Esta planta ha roto el suelo para crecer hacia el Sol.

# EN LA OSCURIDAD

Algunas plantas necesitan oscuridad. Las plantas llamadas poinsettias necesitan doce horas de oscuridad cada día. No florecen si no hay suficiente oscuridad. Otras plantas son aún más sensibles a la luz. Si la noche es interrumpida por un rayo de luz, no florecen.

## Plantas pálidas

Las plantas necesitan luz para crecer adecuadamente. Los tall sostienen las hojas para que puedan orientarse hacia el Sol. Pero algunas veces hay muy poca luz. Entonces, los tallos se alargan para encontrar la luz y se tornan débiles y enroscado: Las hojas palidecen. Las plantas morirán si no reciben luz sola

# CAPÍTULO DOS
# AGUA PARA LA VIDA

Las plantas son 90 por ciento agua. Necesitan agua para realizar la fotosíntesis. Si una planta no recibe suficiente agua, la fotosíntesis se hace lenta. El agua también previene que las hojas y los tallos se doblen.

Las hojas de las plantas de las lagunas se extienden sobre la superficie del agua. Las raíces que están debajo de ellas obtienen agua suficiente.

# Almacén de agua

Las plantas almacenan agua dentro de sus células, en estructuras en forma de saco llamadas vacuolas. Cuando la vacuola está llena de agua la célula es rígida y firme. La vacuola tensa la membrana y la pared celular. Entonces se dice que la célula está **turgente**. A veces la vacuola no tiene mucha agua. Entonces, la célula se pone blanda y caída. La vacuola no presiona la membrana y paredes celulares. La célula se pone **flácida**.

## célula turgente

agua entra a la célula

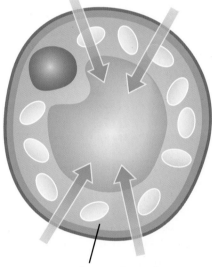

La vacuola se hincha y presiona la pared celular.

## célula flácida

pérdida de agua

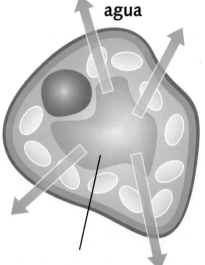

La vacuola se encoge y la célula pierde su forma.

La célula de la izquierda es de una hoja o tallo sano y firme. La célula de la derecha es de una hoja o tallo blando y caído.

Cuando las células están turgentes, los tallos están fuertes y derechos. Las hojas están completamente abiertas y extendidas. Las hojas tienen un área plana grande para atrapar la luz solar. Mientras más turgente están las hojas mejor se realiza la fotosíntesis.

# ¿Cómo obtienen agua las plantas?

Las plantas tienen raíces. Estas afincan las plantas al suelo.
Las raíces están rodeadas de tierra. El agua se mueve
del suelo hacia las raíces de las plantas. Esto ocurre por
**ósmosis**. En la ósmosis, el agua va de un área con mucha
agua hacia otra área con menos agua. Esto se produce
usualmente a través de una membrana. La membrana selecciona qué deja pasar y qué no.

Las raíces de estas plantas se esparcen. De esta forma pueden absorber más agua.

En el extremo de cada raíz hay una masa de raicillas en forma
de pelos. Los pelos de las raíces son células. Estas incrementan
el **área superficial** de la raíz. Mientras más superficie de
contacto tiene la raíz, más agua entra en la planta.

El agua viaja por la raíz y sube por el tallo hasta las hojas. Tú puedes apreciar esto por ti mismo(a) en el experimento siguiente. Corta la parte inferior de un tallo de apio. Ponlo en una jarra con agua. Añade colorante de alimentos al agua. Déjalo reposar por un día. Saca el tallo de apio y vuelve a cortarlo. Observa la superficie del corte. Verás puntos coloreados. Esto significa que el agua se mueve por el tallo.

Puedes hacer el mismo experimento usando una flor blanca (arriba). Los pétalos deben cambiar de color (como en la imagen de la derecha).

# ¿Cómo pierden agua las plantas?

Las plantas pierden agua a través de orificios pequeños que tienen en la parte inferior de sus hojas. Los huecos son mucho más pequeños que la punta de un alfiler, por lo que necesitas un microscopio para verlos. Estos orificios se llaman estomas. El vapor de agua sale de las hojas a través de los estomas. A esto se le llama **evaporación**.

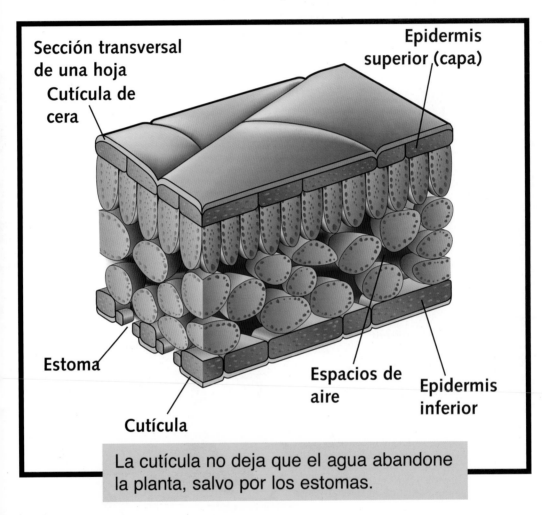

Sección transversal de una hoja

Cutícula de cera

Epidermis superior (capa)

Estoma

Cutícula

Espacios de aire

Epidermis inferior

La cutícula no deja que el agua abandone la planta, salvo por los estomas.

Las plantas abren los **estomas** para dejar entrar dióxido de carbono para hacer la fotosíntesis. Al mismo tiempo, el agua sale.

Las condiciones del tiempo afectan la cantidad de agua que las plantas pierden. Por ejemplo, una planta perderá más agua en un desierto caliente que en el Polo Norte.

| Tiempo | Pérdida de agua | ¿Por qué? |
|---|---|---|
| día caluroso | mayor | El calor hace más rápida la evaporación. |
| día frío | menor | Menor calor significa menor evaporación. |
| día con mucho viento | mayor | El viento se lleva el agua evaporada lejos de la planta. Esto aumenta la evaporación. |
| día sin viento | menor | El agua evaporada se queda cerca de la planta. Esto evita que se evapore más agua. |
| **humedad** baja (el aire contiene poco vapor de agua) | mayor | El aire con poca humedad no contiene mucha agua. Hay espacio para que el agua de la planta se evapore. |
| humedad alta (el aire contiene mucho vapor de agua) | menor | El aire con mucha humedad contiene mucha agua. Esto evita que el agua de la planta se evapore. |

## MUCHA AGUA

Un roble puede perder 40,000 galones (151,000 litros) de agua a través de sus hojas en un año. Esto es mucha agua. Imagínate que usarías esa misma cantidad de agua si permanecieras bajo una ducha por casi una semana.

# CAPÍTULO TRES

## SUELO PARA LA VIDA

Las plantas producen casi todo su alimento mediante la fotosíntesis. Pero también necesitan **minerales** para permanecer sanas. Las plantas no pueden producir minerales. Los obtienen del suelo. Algunos de los minerales que necesitan son:

## Nitratos

Los nitratos proporcionan nitrógeno. El nitrógeno ayuda a crecer a las plantas. Todas las células vivas contienen nitrógeno. El nitrógeno también forma parte de la clorofila, el **pigmento** que atrapa la luz del Sol. No nitrógeno significa no fotosíntesis. Puedes notar cuando una planta no tiene nitrógeno suficiente: son pequeñas y sus hojas viejas serán de color amarillo.

Los campesinos echan abono a sus plantaciones. Los fertilizantes usualmente contienen nitratos.

## Deficiencias de nitrato, fósforo y potasio

falta de nitratos

falta de fósforo

falta de potasio

Las plantas no crecerán adecuadamente si presentan deficiencias de minerales. Puedes chequearlas inspeccionando sus hojas.

## Fósforo

El fósforo es importante para la fotosíntesis, la respiración y el crecimiento. Ayuda a las raíces a desarrollarse bien. Puedes notar cuando una planta tiene deficiencia de fósforo: sus raíces se atrofian y sus hojas jóvenes son moradas.

## Potasio

El potasio ayuda a funcionar a unas sustancias químicas llamadas enzimas. Las enzimas son necesarias en la fotosíntesis y la respiración. El potasio protege a las plantas de las enfermedades. Puedes notar la falta de potasio en una planta si sus hojas son amarillas y tienen partes muertas en ellas.

El suelo de este terreno ha sido excesivamente usado por los campesinos. Los cultivos no crecerán aquí si no se fertiliza el suelo.

## ¿Cómo obtienen minerales las plantas?

Las plantas obtienen agua por sus raíces; de la misma manera absorben los minerales. Desde la raíz, los minerales viajan por el tallo hasta las hojas.

Cuando las plantas mueren, los minerales retornan al suelo. Esto mantiene al suelo rico en minerales. Pero a veces una planta forma parte de un cultivo, por lo que será recogida por un agricultor. Esto provoca que los minerales no retornen al suelo, por lo que el suelo queda **exhausto** de minerales.

# AYUDANDO AL SUELO Y A LAS PLANTAS

Pero los minerales se pueden añadir al suelo para enriquecerlo nuevamente usando fertilizantes. Los fertilizantes pueden ser naturales o artificiales. Entre los fertilizantes naturales tenemos los excrementos, algas y polvos de rocas. Los fertilizantes artificiales son mezclas de compuestos químicos.

## FERTILIZANTES ORGÁNICOS

Algunas personas no comen plantas que hayan sido cultivadas usando fertilizantes artificiales. Piensan que no es sano y solo comen plantas cultivadas con fertilizantes naturales. Estas plantas son llamadas orgánicas.

El suelo también se puede mejorar dándole descanso. El campesino no planta ningún cultivo en un campo por un año. O plantan cultivos distintos en años alternos. Ambos métodos ayudan a reparar el suelo dañado.

Estas personas están recolectando algas. Las usarán como fertilizante para plantas.

# CAPÍTULO CUATRO

## TRANSPORTE EN PLANTAS

Las plantas tienen tubos dentro de sus tallos y raíces. Estos tubos transportan agua, minerales y azúcares. Existen dos tipos de tubos: **xilema y floema**. El xilema y el floema conectan la parte superior e inferior de la planta. Cada uno tiene su propia función.

## Xilema

El xilema es un conjunto de tubos fuertes y gruesos. Estos transportan agua y minerales desde las raíces de las plantas hasta las hojas. El agua y los minerales deben llegar a las hojas, donde se usarán en la fotosíntesis.

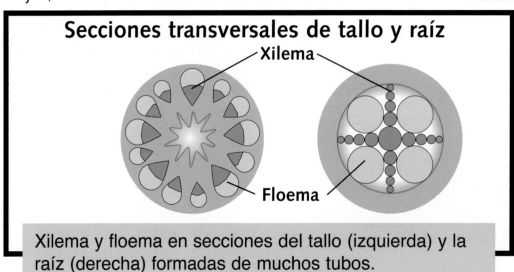

### Secciones transversales de tallo y raíz

Xilema

Floema

Xilema y floema en secciones del tallo (izquierda) y la raíz (derecha) formadas de muchos tubos.

## Floema

El floema es un conjunto de tubos más delgados que los del xilema, que transportan la glucosa producida en la fotosíntesis. Transportan la glucosa desde las hojas hasta las partes de la planta donde es necesaria. La glucosa puede usarse para producir energía en la respiración. También puede ser almacenada en forma de almidón.

## Raíces y tallos

El xilema y el floema están distribuidos de manera distinta en las raíces y los tallos. Juntos, conforman el **tejido vascular**.

Hasta en árboles tan altos como estos, el xilema debe transportar agua desde las raíces hasta la hojas.

# CAPÍTULO CINCO
# REPRODUCCIÓN

Existen flores de muchos colores, formas y tamaños. Son los órganos reproductores de las plantas y usualmente contienen los órganos masculinos y femeninos de la planta. A continuación se muestran algunas de sus partes.

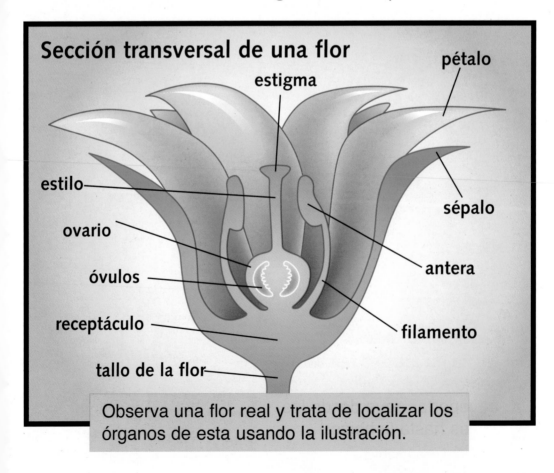

**Sección transversal de una flor**

- estigma
- pétalo
- estilo
- sépalo
- ovario
- óvulos
- antera
- receptáculo
- filamento
- tallo de la flor

Observa una flor real y trata de localizar los órganos de esta usando la ilustración.

No todas las flores son iguales, pero casi todas tienen las mismas partes. Sin embargo, es más difícil localizar cada parte en una flor como esta.

## Estambre

El **estambre** es la parte masculina y está formado por largos y finos tallos llamados filamentos. En el extremo de los filamentos están las anteras, que producen el polen. El polen contiene las células masculinas.

## Carpelo

El **carpelo** es la parte femenina de la flor. Tiene un ovario ancho en su base y pistilos largos. En el extremo del pistilo hay un estigma pegajoso. Los óvulos, que son las células femeninas, se producen en los ovarios.

## Pétalos

Algunas plantas tienen pétalos de colores brillantes. Estas atraen insectos y pájaros. (ver p. 24.)

## Sépalos

Los sépalos son partes que parecen hojas. Se encuentran en la base de la flor. Cuando la flor es un capullo, los sépalos la encierran. Esto la protege mientras se desarrolla.

Las margaritas son muy comunes en muchas partes del mundo. Compara un capullo de margarita con la flor abierta. Trata de encontrar los sépalos de ambos.

# ¿Qué es la polinización?

La **polinización** es el movimiento del polen de la antera al estigma. Así se reproducen las plantas. Para reproducirse, una planta necesita que el polen y el óvulo entren en contacto. Es mejor si provienen de plantas distintas. Esto asegura que la descendencia es más fuerte y sana.

# Plantas polinizadas por animales

Algunas plantas son polinizadas por animales. Estas plantas tienen pétalos de colores brillantes y néctar de olor dulce. Los colores y el olor atraen pájaros, insectos y otros animales hacia la flor. Para alimentarse del néctar, necesitan moverse hacia el interior de la flor y el polen se pega a sus cuerpos. Cuando van a alimentarse a otra flor, llevan el polen hasta esta y el polen entra en contacto con el estigma de la otra planta.

Las mariposas tienen muy buena visión. Son atraídas por los pétalos de colores brillantes, especialmente los rojos.

Esta abeja está completamente cubierta de polen pegajoso.

## Plantas polinizadas por el viento

Otras plantas son polinizadas por el viento. Estas plantas poseen estambres largos. Los estambres sobresalen de la flor. El viento arranca el polen de las anteras y se lo lleva flotando. Este polen eventualmente llega hasta el estigma de otra planta.

# ¿Cuáles son las diferencias entre plantas polinizadas por animales y por el viento?

Esta tabla muestra las diferencias fundamentales:

| Polinizadas por animales | Polinizadas por el viento |
|---|---|
| Polen pegajoso y pesado | El polen es suave y ligero. |
| Pétalos brillantes | Pétalos insignificantes o no presentes |
| Los estambres están dentro de la flor. | Los estambres cuelgan fuera de la flor. |

No solo los insectos se alimentan de las flores, estas zarigüellas mieleras australianas se alimentan de esta flor. Ellas transmitirán el polen a la próxima flor de que se alimenten.

Este avellano es polinizado por el viento. Puedes ver el polen en el aire.

## ¿Qué es la fertilización?

Cuando el polen llega al estigma debe encontrar los óvulos. El polen forma un tubo que baja por el estilo hasta el ovario, donde están los óvulos. Parte del polen viaja por el tubo hasta los óvulos. Cuando el polen y el óvulo se encuentran, ocurre la **fertilización**. La fertilización forma las semillas. Las semillas contienen todo lo que se necesita para crecer y convertirse en plantas nuevas.

## MURCIÉLAGOS DE LENGUA LARGA

Los murciélagos también pueden polinizar flores. Ellos beben el néctar azucarado y comen polen. El murciélago de lengua tubular de Ecuador tiene una lengua de campeonato. Puede extender su lengua hasta 1.5 veces el tamaño de su cuerpo. Esto lo ayuda a llegar al fondo de las flores en forma de trompeta. ¡Imagínate, si tu lengua fuera de ese tamaño tuviera más de seis pies (2 metros) de largo!

# CAPÍTULO SEIS

# TODO SOBRE LAS SEMILLAS

Después de que se forman las semillas los pétalos se caen.
La flor muere. El ovario se convierte en fruto. Las semillas
están dentro del fruto. Algunas frutas son blandas y jugosas.
Otras son duras y resistentes. La carne de una manzana es el
ovario. Las nueces son ovarios duros y resistentes. Algunas
veces, las semillas no se forman dentro de los frutos. Las
semillas de las fresas cubren el exterior del fruto.

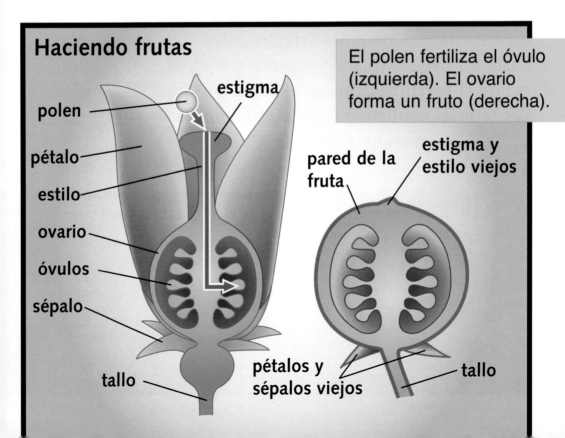

**Haciendo frutas**

El polen fertiliza el óvulo (izquierda). El ovario forma un fruto (derecha).

polen — estigma

pétalo

estilo

ovario

óvulos

sépalo

tallo

pared de la fruta

estigma y estilo viejos

pétalos y sépalos viejos

tallo

# ¿Cómo encuentran las semillas un buen lugar para crecer?

Las plantas esparcen sus semillas. Esto se llama **dispersión** de semillas. Existen cuatro formas de dispersión.

## 1. Dispersión por medio del viento

Seguro has visto las semillas de sicomoro girando en el aire. O tal vez las de diente de león volando en la brisa. Estas semillas se alejan de sus plantas madre. Las semillas de sicomoro tienen un "ala". Cuando caen de un árbol giran en círculos. Esto las ayuda a mantenerse en el aire más tiempo que si cayeran en picada.

La brisa o el viento pueden arrancar las semillas, que caerán lejos de árbol madre. Las semillas de diente de león son muy livianas, por lo que pueden volar largas distancias en la brisa.

Cada semilla de diente de león tiene un paracaídas plumoso que lleva a la semilla en el aire lejos de la planta madre.

## 2. Dispersión por medio de animales

A muchas personas les gusta comer semillas y nueces. A los animales también les gustan. Las semillas tienen una cubierta resistente. Cuando un animal se come una semilla, la cáscara resistente protege la semilla y esta no es digerida en su estómago. En vez de destruirse, queda en los excrementos del animal. Esto la ayuda a viajar a grandes distancias de la planta madre.

Otras semillas son pegajosas o tienen ganchos en su superficie. Cuando los animales pasan cerca de ellas las semillas se pegan al animal. Eventualmente, el animal limpia su pelaje y la semilla cae al suelo.

Esta semilla está enganchada en el pelo de un mamífero. Eventualmente se caerá y dará origen a un planta nueva.

Esta semilla de cocotero germina en
una nueva planta. Tendrá un tronco alto
y echará raíces. Algún día producirá sus
propias semillas.

## 3. Dispersión por medio del agua

Los cocos son semillas gigantes y pueden flotar en el agua.
Si un coco cae al suelo en una playa, el mar se lo puede
llevar flotando. Los cocos pueden sobrevivir en el agua por
muchas semanas. Eventualmente, pueden llegar a otra playa
donde pueden crecer y formar un cocotero nuevo.

## SEMILLAS ADORMECIDAS

Las semillas deben tener condiciones ideales para poder crecer y convertirse
en plantas nuevas. Mientras esto ocurre, las semillas pueden quedarse
inactivas, o adormecidas, por muchos años. Estar adormecida es como
dormir mucho tiempo.

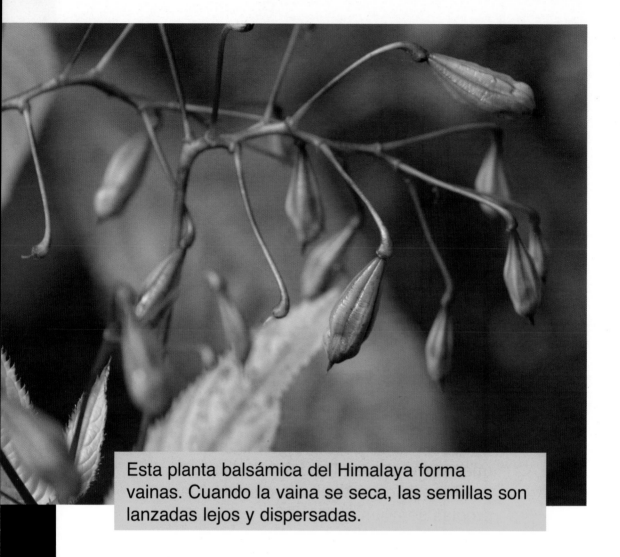

Esta planta balsámica del Himalaya forma vainas. Cuando la vaina se seca, las semillas son lanzadas lejos y dispersadas.

## 4. Autodispersión

Algunas plantas tienen maneras ingeniosas de dispersar sus semillas. No necesitan animales, agua ni viento. Los guisantes se forman dentro de una vaina. Cuando la vaina se seca, los guisantes son lanzados hacia afuera, como en una explosión pequeña.

## ¿Por qué la semilla se aleja?

Si una semilla germina cerca de la planta madre puede que no crezca bien. Ambas plantas necesitan energía solar y si están muy cerca pueden hacerse sombra. Ambas necesitan agua y minerales del suelo y podrían terminar compitiendo por la comida y la luz.

# DÁTILES MUY VIEJOS

Las semillas pueden sobrevivir durante largo tiempo. La semilla más vieja que se ha transformado en una planta tenía dos mil años. Era de una palma de dátiles. La semilla de dátil sobrevivió enterrada en el suelo cerca del mar Muerto, en Israel. Los científicos pensaban que este tipo de palma estaba extinta. ¡Por suerte, no tenían razón!

# ¿Cómo crece una planta nueva?

Si una semilla tiene suerte, caerá en un suelo bueno. Cuando las condiciones sean favorables, crecerá y formará una planta nueva. Esto se llama **germinación**. Las semillas contienen su propia reserva de energía. No necesitan luz al principio, pero sí necesitan agua, temperaturas altas y oxígeno.

Si una semilla encuentra condiciones favorables desarrolla una raíz. La raíz crece hacia abajo. Luego aparece un retoño que se mueve hacia arriba a través del suelo. Cuando alcanza el aire, sus hojas nuevas se desenroscan. En este punto, la semilla puede usar sus hojas para capturar energía del Sol. Ya no necesita su propia energía, pues realiza la fotosíntesis. Esto la ayudará a crecer y convertirse en una planta fuerte y plenamente desarrollada.

## ¡SEMILLAS INGENIOSAS!

Las semillas saben hacia dónde está arriba. Si plantas una semilla al revés, la raíz siempre crecerá hacia abajo. y el retoño hacia arriba.

Etapas de crecimiento de una planta —desde las raíces jóvenes y el retoño, hasta el tallo largo y las hojas.

## Germinación

**1. La raíz crece hacia abajo. Empieza a crecer el retoño.**

**2. El retoño se desarrolla y alcanza la luz.**

Este cultivo de arroz ya ha germinado. En el mismo momento en que las hojas verdes se desarrollan comienza la fotosíntesis.

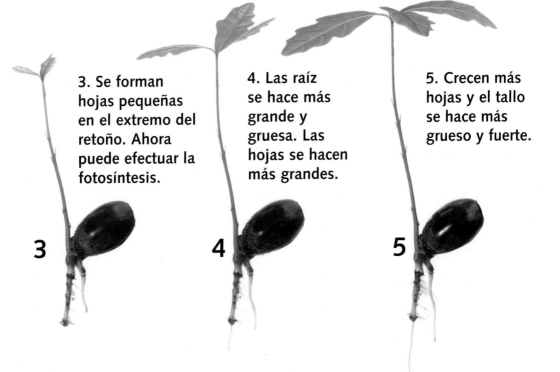

3. Se forman hojas pequeñas en el extremo del retoño. Ahora puede efectuar la fotosíntesis.

4. Las raíz se hace más grande y gruesa. Las hojas se hacen más grandes.

5. Crecen más hojas y el tallo se hace más grueso y fuerte.

3

4

5

# CAPÍTULO SIETE

## SUPERVIVIENCIA DE LAS PLANTAS

En nuestro planeta hay unas 260,000 especies, o tipos, de plantas. Se encuentran por todas partes: en tu patio, en el bosque lluvioso, en los desiertos y en los polos.

Las plantas no pueden moverse de un lugar a otro, como lo hacen los animales. Por eso es tan importante que se encuentren en el ambiente adecuado. Por ejemplo, un cactus no crecería muy bien en el Polo Sur.

Los girasoles solo crecen bien en lugares con clima soleado y calor. Ellos mueven sus flores de cara al Sol.

# ¿Cómo se adaptan las plantas?

Algunas plantas se mueven todos los días. Mueven sus hojas hacia el sol. Los girasoles giran hacia el Sol. Lo hacen para atrapar tanta luz solar como les sea posible.

Cuando un helecho germina, sus hojas están bien torcidas. Después, las hojas se desenroscan y comienza la fotosíntesis.

Otras plantas se adaptan de acuerdo a la estación del año. En un bosque, las plantas compiten por la luz. En primavera, las plantas desarrollan hojas nuevas. Los helechos son unas de las plantas que primero desarrollan hojas nuevas. Lo hacen antes que los árboles hayan echado hojas. De esta manera, pueden atrapar mucha luz antes de que los árboles les hagan sombra.

En lugares fríos y expuestos, las plantas crecen pegadas al suelo para protegerse de los vientos fuertes. No hay suficiente calor ni luz solar para que puedan crecer más.

## ¿Cómo sobreviven las plantas ante condiciones extremas?

Cada medio ambiente presenta distintas dificultades para las plantas.

## Desiertos

Las plantas del desierto reciben mucha luz solar, pero muy poca agua. Cuando llueve, absorben toda el agua que pueden. Sus raíces generalmente están cerca de la superficie del suelo o la arena. Están preparadas para absorber cualquier gota de agua que caiga.

El segundo reto es mantener esa agua. Las plantas del desierto tienen una superficie gruesa y cerosa. Tienen espinas en vez de hojas. Esto evita que el agua se pierda en su superficie.

# Bosque tropical

Los bosques tropicales se encuentran en zonas lluviosas y calurosas del planeta. Ellos reciben mucha lluvia y luz solar. Miles de especies de plantas viven allí. Ellas luchan por la luz y los minerales. Los árboles del bosque tropical crecen muy rápido y muy altos. Algunos se elevan hasta los 150 pies (46 metros). El árbol más alto recibe la mayor cantidad de luz solar. Ellos compiten por su supervivencia.

## LOS ÁRBOLES MÁS GRANDES

Los árboles del bosque tropical pueden ser muy altos. El más alto puede crecer hasta los 300 pies (90 m). Es más o menos el alto de cincuenta hombres unos sobre los hombros de los otros.

El bosque tropical denso de Australia es el hogar de una gran cantidad de plantas y animales.

# CAPÍTULO OCHO

# LAS PLANTAS Y NUESTRO PLANETA

Alrededor del planeta Tierra hay una capa de gases llamada **atmósfera**. Contiene nitrógeno, oxígeno y dióxido de carbono. El dióxido de carbono actúa como una sábana: atrapa el calor del Sol. A esto se le llama **efecto invernadero** natural. Necesitamos de este efecto para sobrevivir en la Tierra.

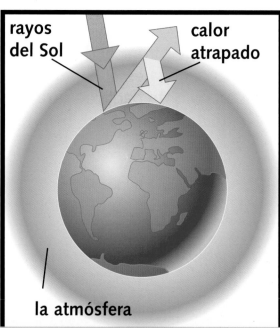

rayos del Sol

calor atrapado

la atmósfera

El efecto invernadero. Una parte del calor escapa al espacio, pero otra parte es atrapado en la atmósfera.

## ¿Qué es el calentamiento global?

Entre los recursos naturales de la Tierra están los "combustibles fósiles". Estos incluyen el petróleo, el gas natural y el carbón. Quemamos combustibles fósiles en autos, fábricas, aviones y en plantas generadoras de electricidad. Esto produce dióxido de carbono. Este llega a la atmósfera.

Las fábricas liberan gases de invernadero en el aire. Esto, está causando un calentamiento global.

Hoy en día, hay demasiado dióxido de carbono en la atmósfera y está atrapando demasiado calor. Esto causa el calentamiento de nuestro planeta, a lo que se llama calentamiento global.

## ¿Qué es el cambio climático?

Nuestro clima está cambiando debido al calentamiento global. Clima es el promedio de las condiciones del tiempo en un área determinada por un periodo largo de tiempo. Por ejemplo, el clima de un desierto es caluroso y seco. El clima del Polo Norte es muy frío. El calentamiento global está calentando la Tierra. Esto está cambiando los climas del planeta.

# ¿Por qué es un problema el cambio climático?

Al calentarse la Tierra, los hielos de los polos Norte y Sur se derretirán. Esto pudiera provocar inundaciones en grandes áreas de tierra firme. Temperaturas más altas pudieran matar a muchas especies de plantas y animales que no se adaptarían tan rápido a las nuevas condiciones. El cambio climático pudiera ocasionar fenómenos meteorológicos violentos, como los huracanes.

El cambio climático puede provocar que algunas plantas no crezcan bien en el nuevo clima.

# ¿Cómo influyen las plantas en los cambios climáticos?

Las plantas efectúan la fotosíntesis. Las plantas marinas y terrestres absorben el dióxido de carbono y liberan oxígeno.

Necesitamos plantas para que absorban dióxido de carbono, pues reduce el calentamiento global y retardan el cambio climático.

Los árboles absorben dióxido de carbono. Cortar árboles empeora el calentamiento global.

## ¿Qué podemos hacer?

Los bosques tropicales están siendo cortados. Las personas usan la madera para construir y las zonas llanas para el pastoreo del ganado. Necesitamos proteger los bosques tropicales. Esto es un trabajo para todos nosotros y los gobiernos del mundo. Si todos ahorramos un poco, podemos hacer la diferencia en favor de nuestro planeta.

# GLOSARIO

**área superficial** — cantidad de espacio en la parte exterior de un objeto

**atmósfera** — capa de gases que rodea a la Tierra

**carpelo** — parte femenina de la flor

**célula** — estructura pequeña de la que están hechos todos los seres vivos

**clorofila** — sustancia verde de las plantas

**deficiencia** — falta de algo

**dispersión** — cuando algo se esparce en un área

**efecto invernadero** — calentamiento de la Tierra. El efecto invernadero natural es causado cuando el dióxido de carbono de la atmósfera no deja escapar el calor del Sol.

**energía** — habilidad de hacer un trabajo. Las plantas usan energía solar para vivir y crecer.

**estambre** — la parte masculina de la flor

**estomas** — pequeños poros (orificios) en las hojas de las plantas

**evaporación** — cuando un líquido se transforma en gas o vapor

**exhausto** — completamente carente de sustancia o energía

**fertilización** — unión de las células masculinas y femeninas. En las plantas, la fertilización ocurre cuando el polen y el óvulo se unen.

**flácido** — débil, sin firmeza

**floema** — tejido vegetal que transporta alimentos producidos por las plantas hacia la parte de la planta que lo necesite

**fotosíntesis** — proceso mediante el cual la planta usa energía solar, agua y dióxido de carbono para producir glucosa y oxígeno

**germinación** — nacimiento de una nueva planta

**humedad** — medida de la cantidad de agua en el aire

**membrana** — capa fina parecida a la piel

**mineral** — sustancia que aparece naturalmente en las rocas y en el suelo

**ósmosis** — el movimiento de sustancia a través de la membrana (desde donde hay mucha sustancia hacia donde hay menos)

**pigmento** — sustancia colorante

**polinización** — transferencia del polen de la antera al estigma de la flor

**respiración** — el proceso celular en el que la glucosa y el oxígeno se usan para producir energía, dióxido de carbono y agua

**tejido vascular** — la totalidad de tejidos vegetales que transportan sustancias en la planta. Incluye al xilema y al floema.

**turgente** — hinchado y firme

**xilema** — tejido vegetal que transporta agua y minerales desde la raíz a todas las partes de la planta

# MÁS INFORMACIÓN

## Libros

Photosynthesis And Respiration. William G. Hopkins. Chelsea House Publications, 2006.

Science with Plants. Helen Edom. Usborne Books, 2007.

Time for Kids: Plants! Editors of TIME for Kids. HarperTrophy, 2006.

Understanding Photosynthesis With Max Axiom, Super Scientist. Liam O'Donnell. Capstone Press, 2007.

## Sitios de la internet

**http://www.biology4kids.com/files/plants_main.html**
Information about the classification of plant types. Includes photosynthesis, structure, and reproduction.

**http://www.urbanext.uiuc.edu/gpe/index.html**
The Great Plant Escape.
Pick up your magnifying glass and help Detective Leplant solve many plant related mysteries!

**http://www.bbc.co.uk/schools/scienceclips/ages/9_10/life_cycles.shtml**
This interactive site includes taking a flower apart by dragging and dropping each part into the relevant box.

**http://www.naturegrid.org.uk/plant/index.html**
Plant Explorer.
Click to find out what part of a plant a chip, a baked bean, or a cup of tea comes from.

**http://www.sparta.k12.il.us/sid/plantunit/**
Find out more about plants. Includes an in-depth look at the growth and life cycle of a bean plant.

# ÍNDICE